LOLA ★ BERNAL

Para Amelia

www.lolabernallibros.com
info@lolabernallibros.com

@2020 Dolores Bernal Romero
Diseño de portada: Adriana Santos
Maquetación: PabloYglesias Ed.
Ilustración: Adriana Santos
Traducción: Irene Cortijo
Editorial: PabloYglesias Ed.

ISBN: 97-98-72920476-2

LAS VITAMINAS SON TUS AMIGAS

VITAMINS ARE YOURS FRIENDS

Escrito por /Writen by
Lola Bernal

Ilustraciones/ Illustrated by:
Adriana Santos

VITAMINAS HIDROSOLUBLES Y LIPOSOLUBLES

Las hidrosoloubles se disuelven a través de la orina
y son muy fáciles de eliminar.
Las liposolubles se disuelven en grasa, es su rutina,
y en los tejidos de nuestro organismo se van a almacenar.

Las vitaminas hidrosolubles son;
B1, B2, B3, B5, B6, B8, B9, B12 y vitamina C.
Las vitaminas liposolubles son;
vitaminas A, D, E, K y ¡empecemos de una vez!.

WATER-SOLUBLE AND FAT-SOLUBLE VITAMINS

Water-soluble vitamins are dissolved through urine
and they are very easy to remove.
The fat-soluble ones dissolve in fat, it is their routine,
and in the tissues of our body they will be stored.

The water-soluble vitamins are;
B1, B2, B3, B5, B6, B8, B9, B12 and vitamin C.
The fat-soluble vitamins are;

vitamins A, D, E, K, and let's get started!

VITAMINA A o RETINOL

Soy la vitamina A, que tanto necesitas,
soy necesaria para tus riñones y tu visión.
Cuido de tu corazón y soy una gran antioxidante
también vigilo tus pulmones y evito cualquier infección.

Ayudo a que todos tus huesos,
crezcan sanos en tu cuerpo.
Así como contribuyo a producir glóbulos blancos nuevos
para proteger lo que tienes por universo.

Puedes encontrarme en lácteos; leche y mantequilla,
en frutas; albaricoque, papaya, mango y melón.
De origen animal; ternera, pollo, pavo y pescado
y vegetales como zanahoria, brócoli, espinacas y col.

8

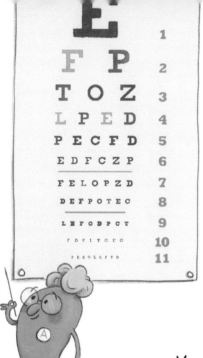

VITAMIN A or RETINOL

I am vitamin A, which you need so much,
I am necessary for your kidneys and your vision.
I take care of your heart and I am a great antioxidant
I also protect your lungs and look after any infection.

I protect all your bones
I help your body to grow healthily.
I also assist in producing new white blood cells
to protect the universe you have.

You can find me in dairy products; milk and butter,
in fruits; apricot, papaya, mango and melon.
Animal origin products, such as beef, chicken, turkey and fish
and some vegetables, like carrots, broccoli, spinach, and cabbage.

9

VITAMINA B

Hay ocho vitaminas que componen este grupo,
B1 o Tiamina, B2 o Rivoflabina, B3 o Niacina,
B4 o Adinina, B5 o Acido Pantoténico, B6 o Piridoxina,
B8 o Biotina, B9 o Acido Fólico, B12 o Cobalamina.

Si tienes mucho de éstas, es que haces buena digestión,
pero si aparece frágil; tu pelo, piel o uñas,
así como estrés, ansiedad y depresión
es por falta de esta vitamina.

También ayuda a que funcione tu sistema nervioso,
además de mucha producción de energía.
Como ves puedes estar muy vigoroso
y ayudar a que tu memoria viva con alegría.

Y puedes encontrarme en pescados y mariscos,
como el huevo, carne roja y blanca.
Frutos secos y cereales variopintos,
además de setas, algunas verduras
y frutas de confianza.

Y mucho cuidado con la azúcar refinada
porque es un ladrón de la vitamina B.
Cuando hay mucha de esta en tu cuerpo procesada,
ya has visto la lista de lo que puede pasarte en breve.

10

VITAMIN B

There are eight vitamins that make up this group,
B1 or Thiamine, B2 or Rivoflabine, B3 or Niacin,
B4 or Adinin, B5 or Pantothenic Acid, B6 or Pyridoxine,
B8 or Biotin, B9 or Folic Acid, B12 or Cobalamin.

If you have a lot of these, it means that your digestion is good,
but if your hair, skin or nails look fragile,
it is from lack of this vitamin in your diet,
as well as stress, anxiety and depression.

It also helps your nervous system work,
in addition to a lot of energy production.
As you can see you can be very vigorous
and help your memory live with joy.

And you can find me in fish and seafood,
also eggs, red and white meat.
Mixed nuts and cereals,
in addition to mushrooms,
some vegetables and fruits.

Be careful with refined sugar
because it is a vitamin B thief.
When your body processes a lot of this
you have already seen the list of what can happen to you in no time.

VITAMINA B1 o TIAMINA

Soy la vitamina B1, también me llamo Tiamina,
ayudo a las funciones metabólicas del organismo.
Es conmigo que conseguimos la energía,
con los hidratos de carbono llegando al metabolismo.

Ayudo a vigilar la glucosa del sistema nervioso.
Por eso si tienes hormigueo o algo de descoordinación,
es que tu cuerpo te da señales que no está vigoroso
y es con mi ayuda que cambiará la situación.

Puedes encontrarme en levadura y pescado,
avellanas, chuletas de cerdo, semillas de sésamo, girasol.
Piñones, pistachos, maíz, pan integral y lomo embuchado,
jamón serrano, ciruelas e higos secos y coliflor.

Pero cuidado con la enzima tiaminasa,
es una antivitamina que degrada la tiamina.
Si bebes mucho te o café en taza
impides que tu cuerpo no asimile bien mi vitamina.

VITAMIN B1 or THYAMINE

I am vitamin B1, my name is also Thiamine,
I help the metabolic functions of organisms.
And thanks to me we get the energy,
as carbohydrates reach the metabolism.

I also help watch the glucose from the nervous system.
So if you have a tingling sensation or lack of coordination,
it means that your body is telling you that it is not vigorous
and it is with my help that the situation will change.

You can find me in yeast and fish,
hazelnuts, pork chops, sesame and sunflower seeds.
Pine nuts, pistachios, corn, whole wheat bread and stuffed
loin, serrano ham, prunes and dried figs and cauliflower.

But watch out for the thiaminase enzyme,
it is an antivitamin that breaks down thiamine.
If you drink a lot of tea or coffee
you do not let your body assimilating my vitamin well.

ENERGÍA

VITAMINA B2 o RIBOFLAVINA

Me llamo vitamina B2 o Riboflavina,
y me concentro sobre todo en el riñón y en el hígado.
Ayudo a la oxigenación de las células vivas
y obtengo energía a través de los alimentos almacenados.

Sirvo para mantener el buen estado de la visión,
me ocupo del sistema nervioso y soy antioxidante.
Quito migrañas y que los tejidos tengan regeneración
y células de la piel, cabello o uñas estén saludables.

Si te falta esta vitamina hay mala cicatrización,
dolor de cabeza y labios o piel agrietados.
Debilidad corporal o anemia, además de depresión
y ojos enrojecidos o inflamados.

Puedes encontrarme en copos de maíz y almendras,
también en algas nori, piñones y semillas de sésamo.
Champiñones, lácteos, clara de huevo y lentejas.
Alubias, trigo y jamón curado.

Pero cuidado si haces mucho esfuerzo,
o adoptas dietas vegetarianas estrictas,
porque no está bien si no tomas lácteos o algo de huevo
o si abusas de los antibióticos sin medidas.

VITAMIN B2 or RIBOFLAVINE

My name is Vitamin B2 or Riboflavine,
and I am mainly concentrated in the kidney and liver.
I help the oxygenation of living cells
and I get energy through stored food.

I serve to maintain good vision,
I take care of the nervous system and I am an antioxidant.
I remove migraines and help the tissues regenerate
I also help the cells of the skin, hair or nails be healthy.

If you lack this vitamin there is poor healing,
headache and chapped lips or skin.
Body weakness or anemia, in addition to depression
and red or inflamed eyes.

You can find me in corn flakes and almonds,
also in nori seaweed, pine nuts and sesame seeds.
Mushrooms, dairy, egg whites and lentils.
Beans, wheat and cured ham.

But be careful if you do too much,
or you adopt a strict vegetarian diet,
because it's not okay if you don't have dairy or some eggs
or if you abuse antibiotics.

15

VITAMINA B3 o NIACINA

Me llamo vitamina B3 o Niacina
y participo en el metabolismo de proteínas.
También convierto grasas e hidratos de carbono
en buena producción de energía.

En mis trabajos está el ayudar al sistema nervioso
y también colaboro con el buen estado de tu piel.
Así que come de la lista un poco
hasta que sepas que todo funciona bien.

Puedes encontrarme en carnes e hígado,
riñones, lácteos y legumbres.
Cereales integrales y levadura son de agrado
y tomar un poco de estos tiene que ser costumbre.

Puedes encontrarme también en aguacate y huevo,
leche descremada, alcachofa, atún y salmón.
Solomillo, guisantes, carne de vaca y cerdo,
arroz blanco, dátiles y jamón.

Pero cuidado si no tienes de esta vitamina
porque las carencias provocan tres efectos;
¡dermatitis, diarrea y demencia, vaya ruina!
Así que tómame cada día un poco y haces lo correcto.

DEMENCIA

DEMENTIA

DIARREA

DIARRHEA

VITAMIN B3 or NIACINE

My name is vitamin B3 or Niacin
and I participate in protein metabolism.
I also turn fats and carbohydrates
into good energy production.

My work is helping the nervous system
and I also collaborate with the good condition of your skin.
So eat off the list a little
until you know that everything works fine.

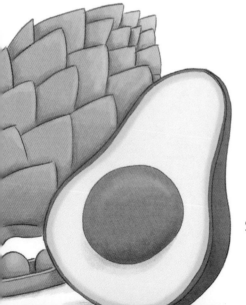

You can find me in meat and liver,
kidneys, dairy and legumes.
Whole grains and yeast are to my liking
and taking some of these has to be customary.

You can also find me in avocado and eggs,
skimmed milk, artichokes, tuna and salmon.
Sirloin, peas, beef and pork,
white rice, dates and ham.

But be careful if you do not have this vitamin
because the lack of this causes three effects;
dermatitis, diarrhea and dementia, what a ruin!
So take a little of me every day and you'll be on the right tracks.

VITAMINA B4 o ADININA

Soy la vitamina B4 o Adinina
estimulo la formación de ciertos glóbulos blancos.
Colaboro con la síntesis adecuada de proteínas
ayudando al funcionamiento del cuerpo humano.

Prevengo la formación de los radicales libres,
y fortalezco tu sistema inmunológico natural.
Ayudo a que el cuerpo no se desequilibre
como a eliminar la fatiga y la debilidad.

Mantengo el equilibrio de los niveles de azúcar,
colaboro en la formación de células y crecimiento normal.
Aumento anticuerpos contra las infecciones que llegan
y juego un importante papel en el metabolismo celular.

Puedes encontrarme en fresas y miel cruda,
jalea real, hortalizas y frutas frescas.
Hígado, cereales integrales y levadura,
de todo un poquito pon en la mesa.

Pero cuidado si no tienes de mi vitamina
pues hay un crecimiento retardado.
Trastornos de la sangre y de la piel, ¡no es tontería!
y muchas náuseas ¡vaya resultado!.

También tendrás debilidad muscular y anemia,
fatiga, vértigo y propensión a las infecciones.
Se debilita el sistema inmunitario apareciendo alergias,
¡menudo montón de razones para ser tu amiga!.

VITAMIN B4 or ADININE

I am vitamin B4 or Adinina
I stimulate the formation of certain white blood cells.
I collaborate with the adequate synthesis of proteins
helping the development and work of the human body.

I combat the formation of free radicals,
and I strengthen your natural immune system.
I help the body to get out of balance
how to eliminate fatigue and weakness.

I keep the balance of sugar levels,
I collaborate in the formation of cells and their normal growth.
I raise antibodies against infections that get involved
and play an important role in the cellular metabolism.

You can find me in strawberries and raw honey,
royal jelly, vegetables and fresh fruits.
Liver, whole grains and yeast,
get a little of everything.

But be careful if you do not have my vitamin
because it causes slow growth.
Blood and skin disorders, and this is for real!
And a lot of nausea, what a result!

You may also have muscle weakness and anemia,
fatigue, vertigo and tendency to infections.
The immune system is weakened, allergies appear,
there are so many reasons to be your friend!

19

VITAMINA B5 o
ÁCIDO PANTOTÉNICO

Me encuentro en todas las células vivas
y contribuyo al metabolismo de las grasas.
Cojo energía de los carbohidratos, grasas y proteínas
y por lo tanto soy bueno para el que adelgaza.

Ayudo a la producción de glóbulos rojos
ya que ayudo a la síntesis del hierro.
Colaboro en la producción de hormonas a manojos
de las glándulas que generan adrenalina, me aferro.

Estoy en el cerdo, pollo, pavo y champiñones,
queso como el roquefort, blue, camembert y feta.
Pescado como las truchas, el atún y los salmones
aguacates, huevos y semillas de girasol son tu meta.

Me llaman la vitamina del estrés porque si te falto
puedes tener estrés físico y emocional.
Así que come de la lista un poco sin sobresalto
para obtener una salud genial.

20

EXÁMENES - EXAMS

15 → Matemáticas - Maths
16 → Inglés - English
18 → Ciencias - Science
19 → Sociales - Social Science

VITAMIN B5 or
PANTOTHENIC ACID

I find myself in all living cells
and I contribute to the metabolism of fats.
I take energy from carbohydrates, fats and proteins.
and therefore I am good for helping you lose weight.

I help the production of red blood cells
as I assist in the synthesis of iron.
I collaborate in the production of hormones in batches
I hold on to the adrenal glands.

I am in the pork, chicken, turkey and mushrooms,
cheese like roquefort, blue, camembert and feta.
Fish like trout, tuna, and salmon,
avocados, eggs and sunflower seeds are your goal.

They call me the stress vitamin because if you do not have
me you can have physical and emotional stress.
So eat off the list a little bit without a rush
to get great health.

VITAMINA B6 o PIRIDOXINA

Ayudo con la depresión, estrés y problemas de sueño.
Intervengo en el metabolismo de neurotransmisores
regulando el estado de ánimo adverso,
por eso es importante tomar B6 a montones.

Esta vitamina es muy popular entre deportistas
pues incremento el rendimiento muscular y energía.
Participo para producir glóbulos rojos con prisa
y evito calambres o espasmos en tu cuerpo cada día.

Favorezco la absorción del hierro,
soy buena para tu salud emocional y sistema nervioso.
Soy una vitamina beneficiosa que me aferro
a que tu cuerpo se sienta dichoso.

Estoy en el salvado de trigo y arroz integral,
especias como pimentón y chile en polvo.
También pistachos, ajo, hígado y pescado podéis probad,
atún, salmón y bacalao, son los que nombro.

También estoy en las semillas de girasol,
en el lomo de cerdo también puedes tenerme.
Pero si no te gusta la carne en tu alimentación
come avellanas tostadas para que mi energía refuerce.

Si no me tienes en tu cuerpo te redacto;
tendrás anemia y erupciones con picazón,
labios escamosos, grietas en las comisuras de los labios
y en la lengua, mucha inflamación.

VITAMIN B6 or PYRIDOXINE

I help with depression, stress and sleep problems.
I intervene in the metabolism of neurotransmitters
and regulate the adverse mood,
this is why it is important to take B6 in bulk.

This vitamin is very popular among athletes
because it increases muscle performance and energy.
I participate in producing red blood cells in a hurry
and I avoid cramps or spasms in your body every day.

I favor the absorption of iron,
I am good for your emotional health and nervous system.
I am a beneficial vitamin that I hold on to
to make your body feel happy.

I am in wheat bran and brown rice,
spices like paprika and chili powder.
I am also in pistachios, garlic, liver and fish you can try,
tuna, salmon and cod are the ones I name.

I am also in sunflower seeds,
you can also find me on the pork loin.
But if you do not like meat in your diet
eat roasted hazelnuts for your energy to boost.

If you do not have me in your body, get this list;
you will have anemia and itchy rashes,
scaly lips, cracks at the corners of the lips
and on your tongue, a lot of inflammation.

VITAMINA B8 o BIOTINA

Soy importante para la degradación de las grasas
y estoy relacionada con el crecimiento celular.
Estimulo la producción de tejidos, piel, cabello y uñas
obtengo la energía y ayudo a las células a respirar.

Puedes encontrarme en la levadura y el hígado,
yema de huevo, copos de avena y coliflor,
germen y salvado de trigo preparado
comed algo de estos productos para tu salud es lo mejor.

Pero si falto en tu dieta, verás pérdida de tu cabello,
algo de anemia, fatiga, palidez, vómitos y diarrea.
Verás problemas en tu piel o dermatitis en tu cuerpo
pero si tomas alimentos con mi vitamina no hay carencia.

VITAMIN B8 or BIOTIN

I am important for the degradation of fats
and I am related to cell growth.
I stimulate the production of tissues, skin, hair and nails.
I get energy and I help cells breathe.

You can find me in the brewer's yeast and the liver,
egg yolks, oat flakes and cauliflower,
prepared wheat germ and bran
eat some of these products so your health will be the best.

But if I am not in your diet, you will lose your hair,
you will experience anemia, fatigue, paleness, vomiting and diarrhea.
You will see problems in your skin or dermatitis in your body
but if you take food with my vitamin in it will not be a problem.

25

VITAMINA B9 o ÁCIDO FÓLICO

Soy esencial para el desarrollo humano y crecimiento,
puedo ayudar a proteger contra el cáncer de pulmón.
Ayudo al funcionamiento de los nervios y del cerebro,
si tomas esta vitamina con determinación.

Puedo ayudar también con la pérdida de memoria,
y las mujeres embarazadas me necesitan mucho más.
Favorezco el crecimiento del bebé en su trayectoria
ayudando al cerebro y columna vertebral.

Puedes encontrarme en espinacas, legumbres y verduras
zumo de naranja, cereales y espárragos.
Plátanos, melones, limones y levaduras,
recuerda cuando me tomas lo que en tu cuerpo hago.

Las deficiencias se relacionan con bajo peso al nacer,
e incluso aborto para las mujeres embarazadas.
Algo de depresión y pérdida de memoria podrías tener
pero si comes los alimentos indicados estarás vitaminada.

VITAMIN B9 or FOLIC ACID

I am essential for human development and growth,
I can help protect against lung cancer.
I serve for the functioning of the nerves and the brain,
if you take this vitamin with determination.

I can also help against memory loss,
and all pregnant women need me so much more.
Since I favor the growth in its development
and in the fetus I help the brain and spine.

You can find me in spinaches, legumes and vegetables
orange juice, cereals and asparagus.
Bananas, melons, lemons and yeasts,
When you take me, remember what I do in your body.

Deficiencies are linked to low birth weight,
and even miscarriage for pregnant women.
Some depression and memory loss you might have
but if you eat the indicated foods you will be vitaminized.

VITAMINA B12 o COBALAMINA

Soy esencial para el funcionamiento del cerebro,
del sistema nervioso, formación de la sangre y proteínas.
Estoy en el metabolismo de las células del cuerpo,
en la síntesis y regulación del ADN, es toda mi rutina.

El hígado posee la mayor cantidad de vitamina b12,
carne de cordero, pollo, cerdo, jamón, pescado y huevo.
Productos lácteos como leche, queso o yogur y frijoles.
Legumbres, frutas almidonadas y hortalizas al completo.

Si no me tienes tendrás falta de crecimiento,
tu lengua dolorida. Problemas estomacales e intestinales,
como diarreas y mucho estreñimiento.
Fatiga y cansancio sin motivo y falta de hambre.

Tendrás entorpecimiento en manos y pies,
hormigueo en extremidades y debilidades en las piernas.
También mala memoria y algo de palidez en la piel,
como mala coordinación muscular a consciencia.

VITAMIN B12 or COBALAMINE

I am an essential vitamin for brain function,
for the nervous system, formation of blood and proteins.
I am involved in the metabolism of body cells,
in DNA synthesis and regulation, it is my whole routine.

The liver has the highest amount of vitamin B12,
lamb meat, chicken, pork, ham, fish and eggs.
Dairy products like milk, cheese or yogurt, and beans.
Legumes, starchy fruits and whole vegetables too.

If you do not have me, you will have lack in growth,
sore tongue. Stomach and intestinal problems,
like diarrhea and a lot of constipation.
Fatigue and tiredness without reason such as lack of hunger.

You will have numbness in your hands and feet,
tingling in the limbs and weaknesses in the legs.
Also poor memory and some pale skin,
like consciously not having good muscular coordination.

VITAMINA C o ÁCIDO ASCÓRBICO

Me presento como la vitamina C
y ayudo a tu desarrollo y crecimiento.
Reparo los tejidos de tus órganos cuando yo esté,
formando colágeno sin contratiempo.

Además de curar resfriados comunes
soy muy buena como antioxidante.
Así que por la mañana no ayunes
y toma zumo de naranja abundante.

Y podrás encontrarme en otras frutas
como kiwi, piña y mango.
Pues soy de mucha ayuda
además de comer fresa, sandía y melón en verano.

Si no me tienes se debilita y caerá tu cabello,
tenderás a desarrollar más infecciones.
Y un malhumor acusado a destiempo
además de sensación de cansancio y malos humores.

También las heridas serán difíciles de curar,
además de diversos dolores corporales.
Hay mucha sequedad en la piel que hidratar
y varias enfermedades con el corazón y la sangre.

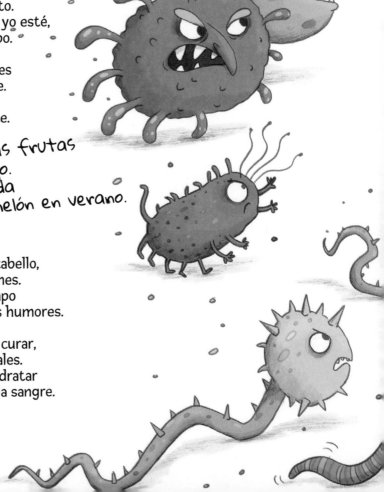

VITAMIN C or ASCORBIC ACID

I introduce myself as vitamin C
and I help you in your development and growth.
I repair the tissues of your organs when I am there,
forming collagen without a hitch.

In addition to curing common colds
I am very good as an antioxidant.
So in the morning do not fast
and drink plenty of orange juice.

And you can find me in other fruits
like kiwi, pineapple and mango.
As I am very helpful
I am also in strawberries, watermelons and melons in the summer.

If you do not have me, your hair weakens and will fall out,
you will tend to develop more infections.
And you will be a bad mood wrongly accused
in addition to feeling tired and moody.

Also wounds will be difficult to heal,
in addition to various body aches.
There is a lot of dry skin to hydrate
and various cardiovascular diseases.

VITAMINA D o CALCIFEROL

Me presento como la vitamina D.
Te ayudo a tus huesos a absorber el calcio
y en el crecimiento celular hago hincapié,
así como funcionamiento neuromuscular recalco.

Soy la mejor para aliviar la inflamación,
me encontrarás en productos lácteos.
Quesos, huevos, mantequilla, salami y jamón,
aceite de hígado, ostras, cereales y pescado grasos.

Si no me tienes perderás algo de tu densidad ósea,
lo que puede llevar a osteoporosis y fracturas.
Tu piel puede ser más oscura y tener algo de obesidad,
dolor en tus huesos y sudor en la cabeza que perturba.

VITAMIN D or CALCIFEROL

I introduce myself as vitamin D.
I help your bones absorb calcium
and in cell growth I emphasize,
as well as neuromuscular functioning I insist.

I am the best at relieving inflammation
You will find me in dairy products.
Cheeses, eggs, butter, salami and ham,
liver oil, oysters, cereals and fatty fish

If you do not have me, you will lose some of your bone density,
which can lead to osteoporosis and fractures.
Your skin may be darker and have some obesity,
pain in your bones, sadness and sweat in the head that disturbs.

VITAMINA E o TOCOFEROL

Soy la vitamina que contribuyo a tu sistema circulatorio.
Tengo propiedades antioxidantes para radicales libres,
que dañan tus células, tejidos y órganos,
y ayudo también a que tus ojos funcionen.

Mantengo los niveles de tu colesterol,
y contribuyo al crecimiento de tu cabello.
Evito la demencia en la vejez, no es ningún farol,
así que toma de mi vitamina un poco como mi abuelo.

Puedes encontrarme en aceite de girasol y margarina,
aceite de sésamo, avellanas, aceite de soja y nueces.
Almendras, aceite de oliva y mucha espirulina.
Si tomas de esto un poco te sentirás mejor con creces.

Si careces de mí, tendrás trastornos neurológicos,
inclusive equilibrio y coordinación deficiente.
Daño en los nervios sensoriales y en las retinas del ojo,
y debilidad muscular, tómame un poco, sinceramente.

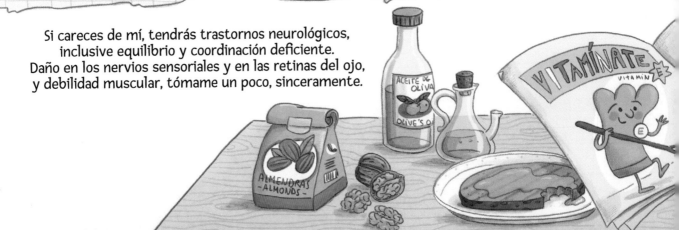

VITAMIN E or TOCOPHEROL

I am the vitamin E that contributes to your circulatory system.
I have antioxidant properties for free radicals,
that damage your cells, tissues and organs,
I help your eye tissues not get out of balance.

I maintain your cholesterol levels,
and I contribute to the growth of your hair.
I help to stop dementia in old age, I'm not bluffing,
so take my vitamin like my grandfather.

You can find me in sunflower oil and margarine,
sesame oil, hazelnuts, soybeans oil and walnuts.
Almonds, olive oil and a lot of spirulina.
If you take this a little you will feel better by far.

If you lack me, you may have neurological disorders,
including poor balance and coordination.
Damage to sensory nerves and retinas of the eye,
and muscle weakness, so take some of me, honestly.

35

VITAMINA K o FITOMENADIONA

Ayudo a la coagulación de la sangre y obtengo proteínas,
y fortalezco los huesos evitando fracturas.
Y aunque no lo creas ayudo a tus ojos ¡mejoro tu vista!
Toma de mí siempre pues bien te ayuda.

Puedes encontrarme en las Coles de Bruselas,
cebollas o cebollinos y en los espárragos.
Toda clase de verduras de hoja verde y muchas ciruelas
esta es la lista, que no debes de olvidarte
¡Yo ya la hago!.

Si no me tienes puedes tener mala cicatrización,
y problemas como de falta de calcio.
No es ninguna broma todo lo que hago mención
como la falta de crecimiento de los huesos, recalco.

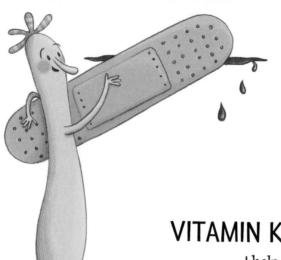

VITAMIN K or PHYTOMENADIONA

I help blood clots and get protein,
greater strength for the bones avoiding fractures.
And believe it or not I help to improve your eyesight!
Always take a lot of me to avoid breakages.

You can find me in Brussels sprouts,
onions, chives and in asparagus.
All kinds of green leafy vegetables and lots of plums
this is the list that you should not forget, I already do it!

If you do not have me in your body you are at risk of bleeding,
and have problems with calcium deposition in blood vessels.
It is not a joke all I have talked about
and malformation in bone development, especially in children.

Printed in Great Britain
by Amazon

16075127R00022